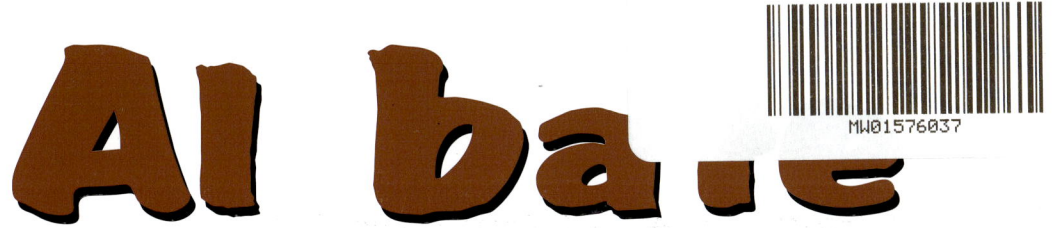

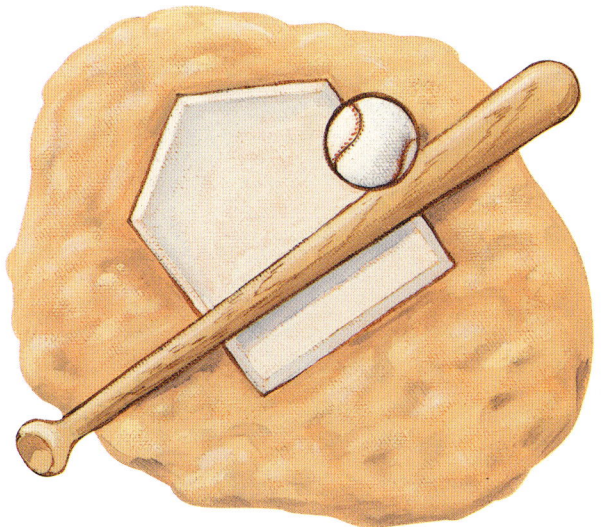

Al bate

por **Sue Muller Hacking** • ilustrado por **Don Tate II**

traducido por **Esther Sarfatti**

Bebop Books
An imprint of LEE & LOW BOOKS Inc.

Lanza.

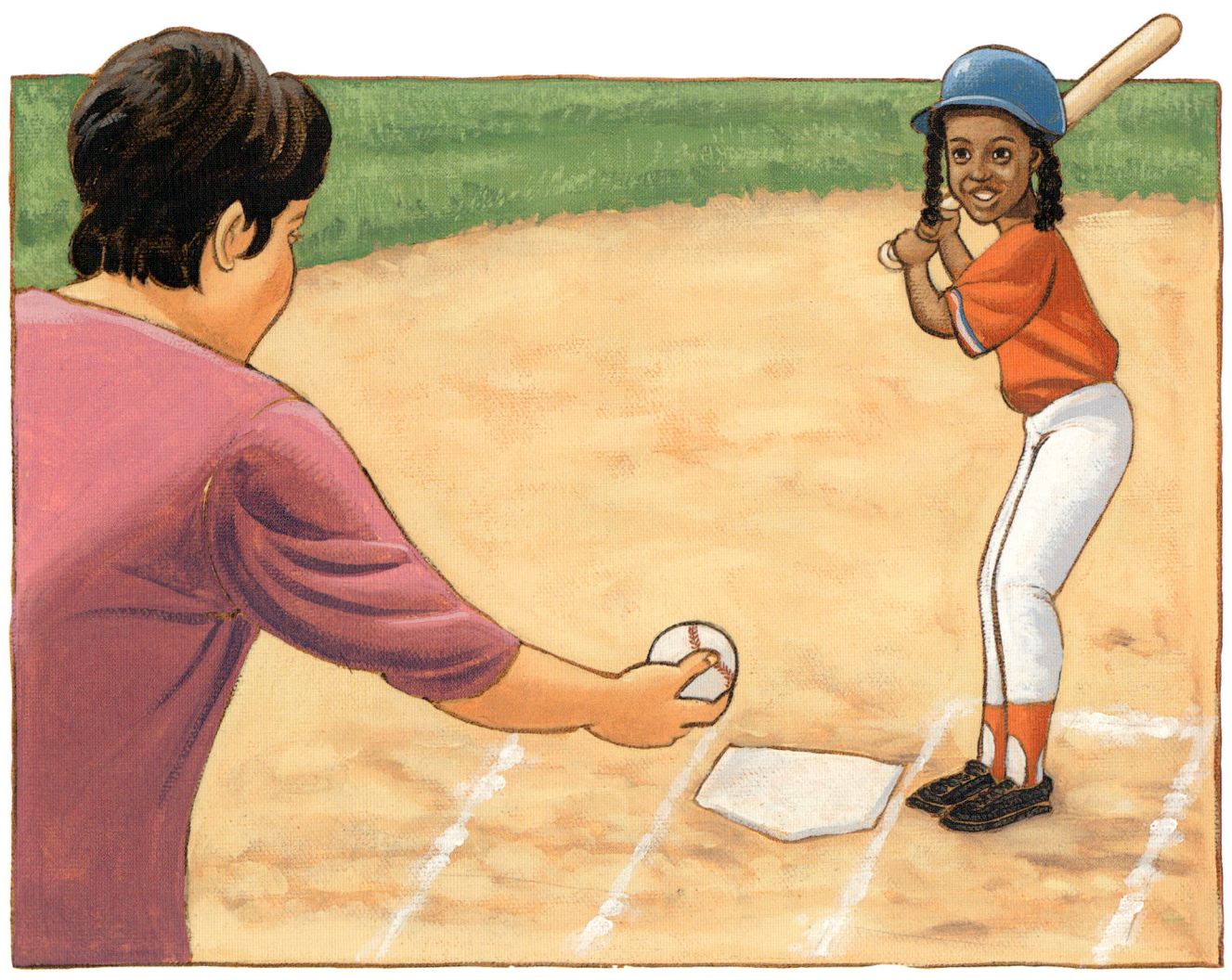

Golpea.

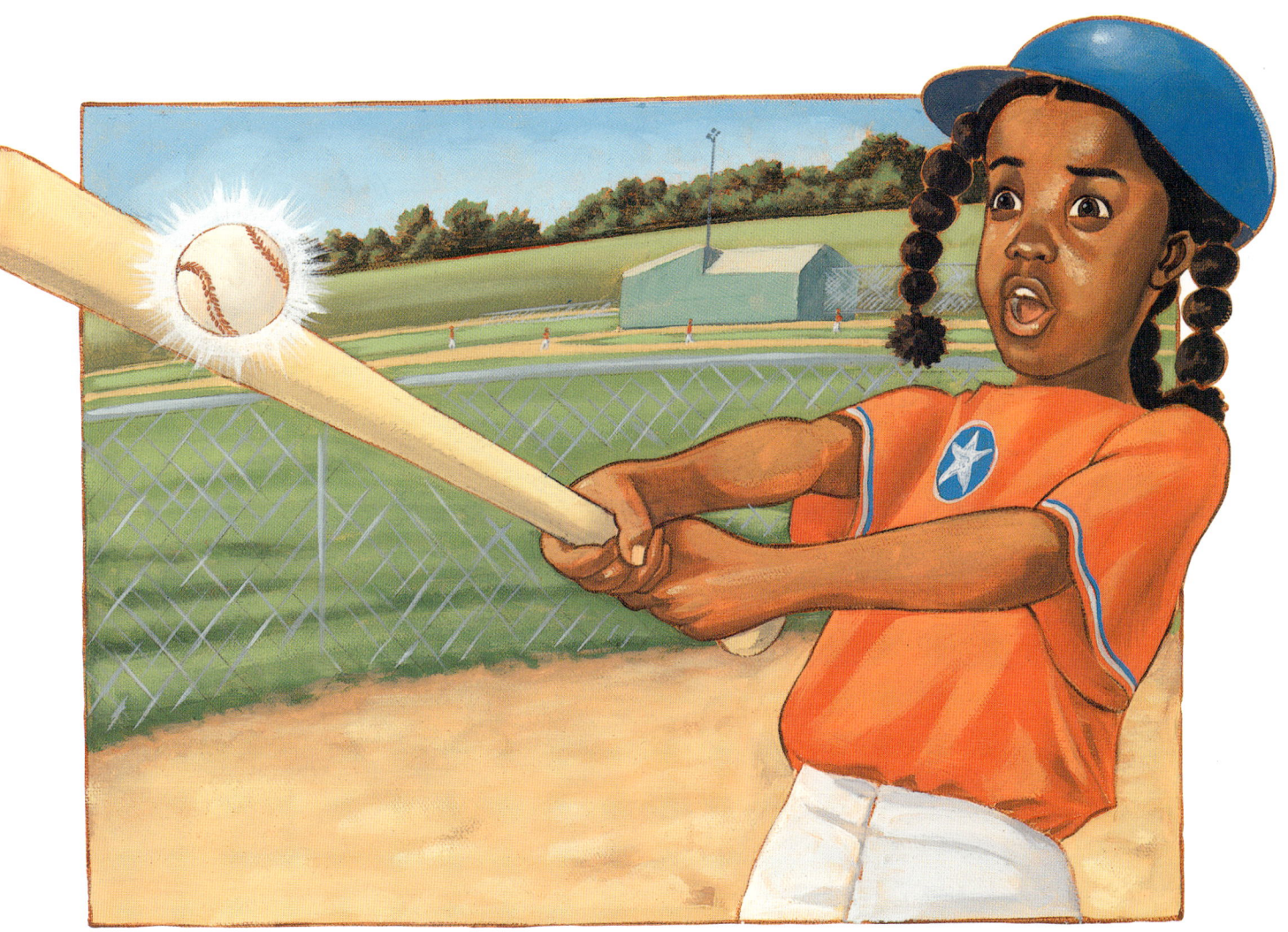

Corre.

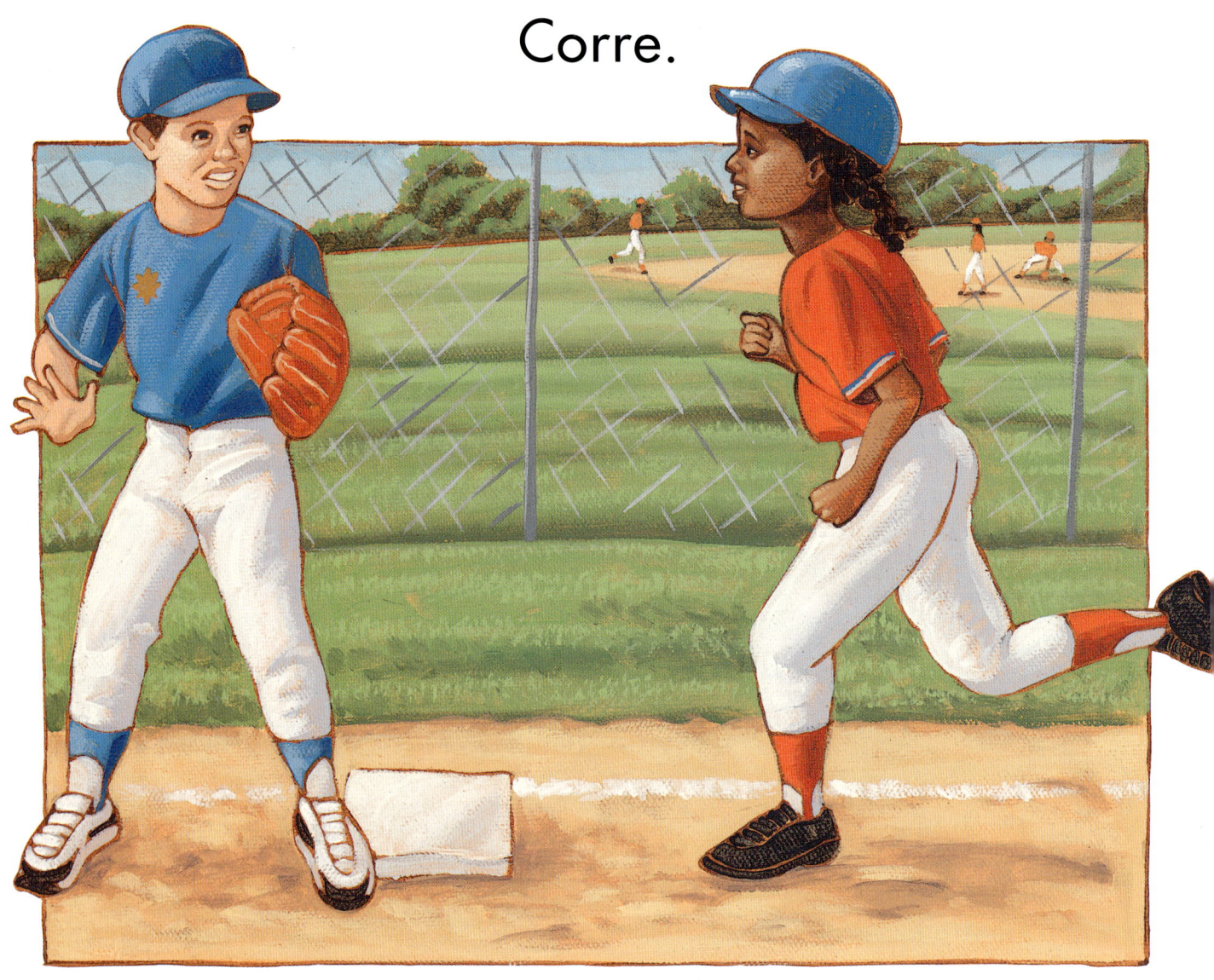

Corre.

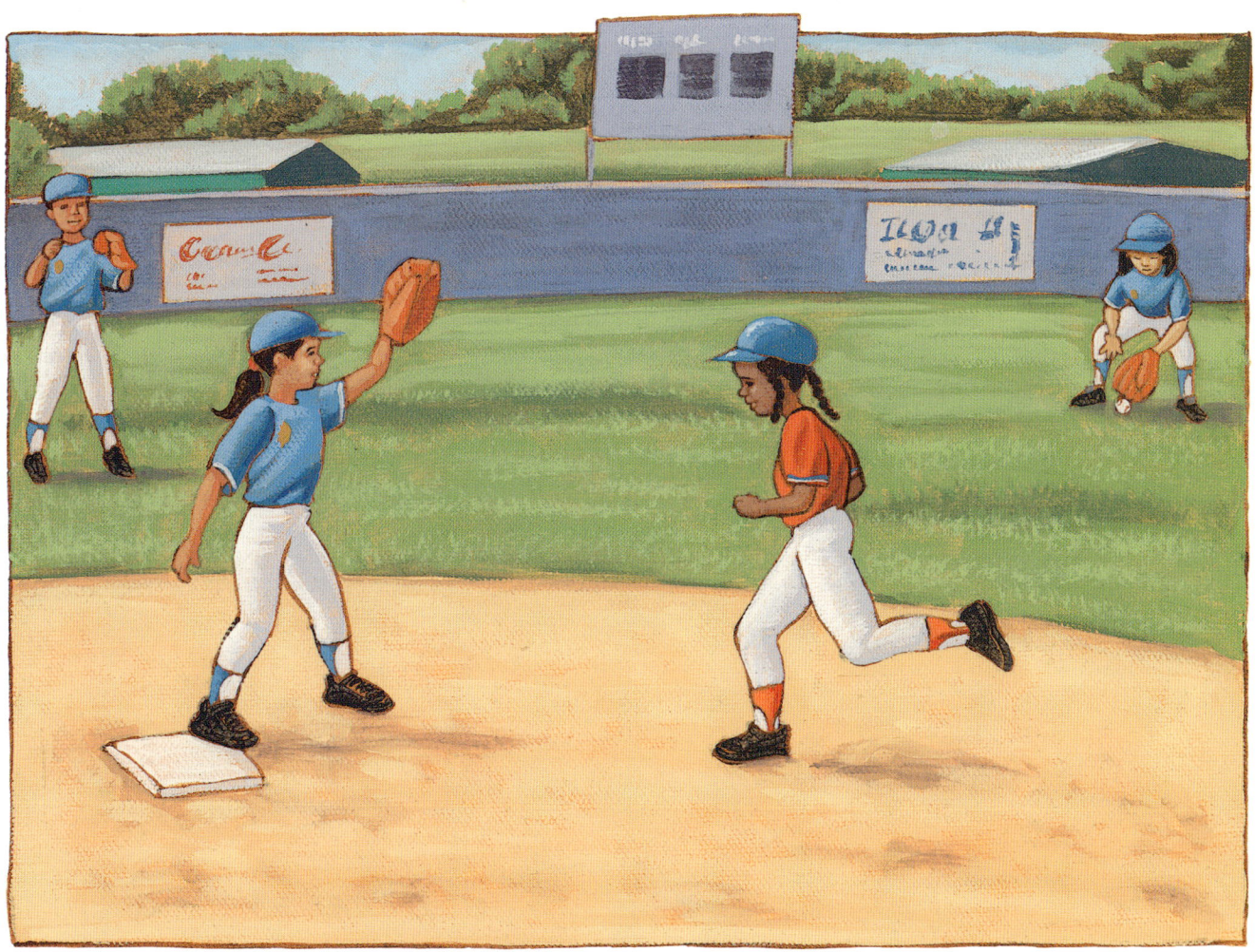

Tira.

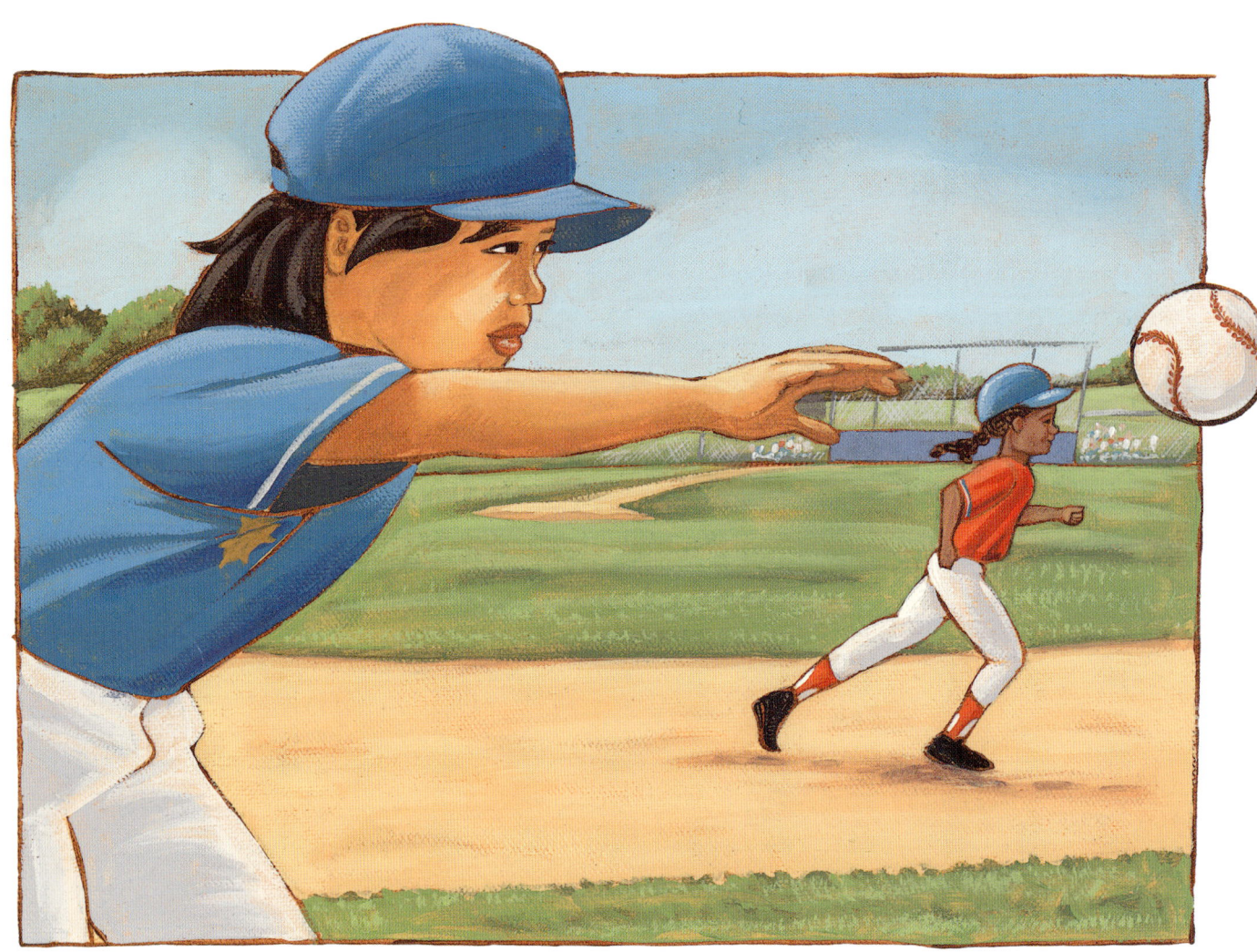

Falla.

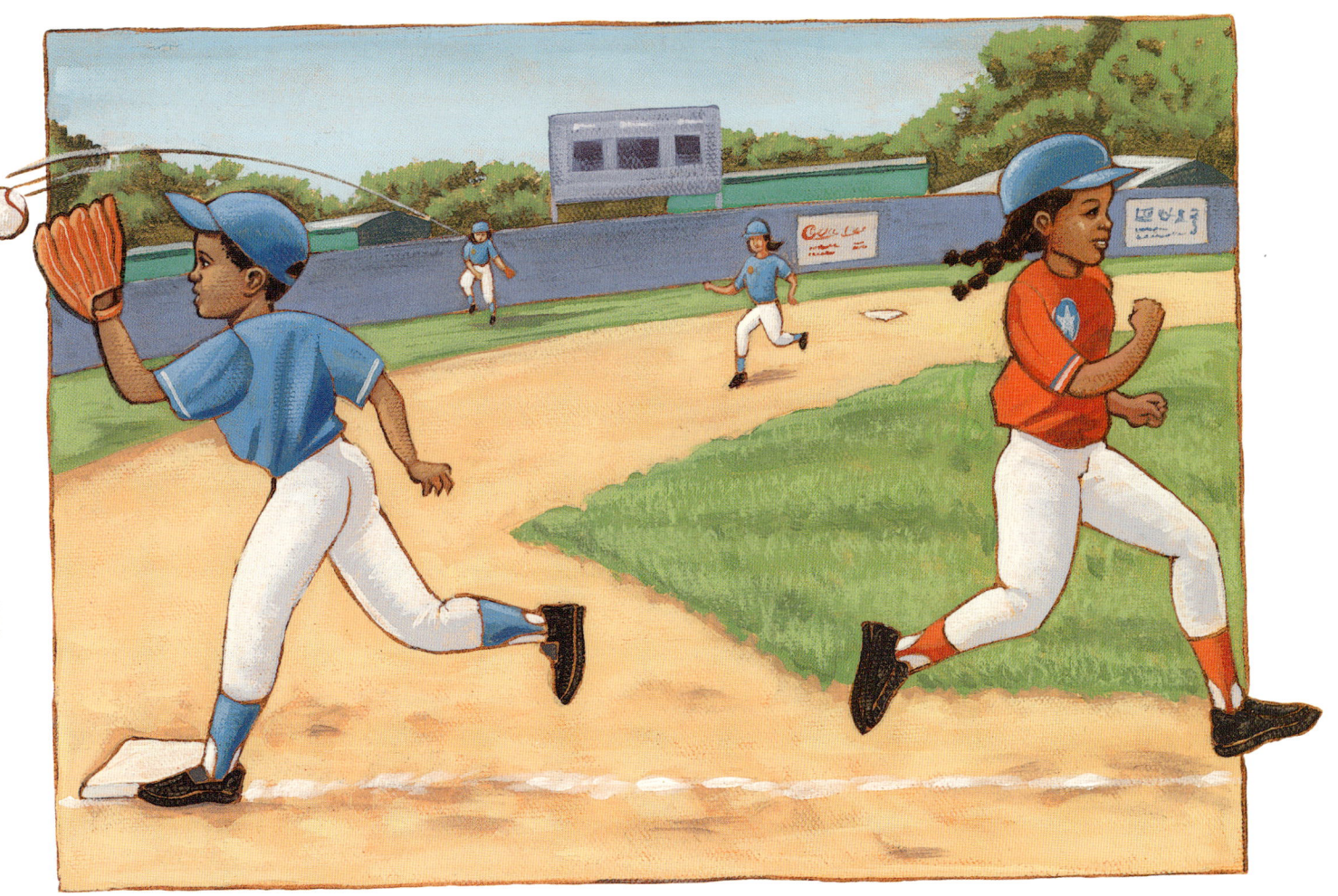

¡Jonrón!

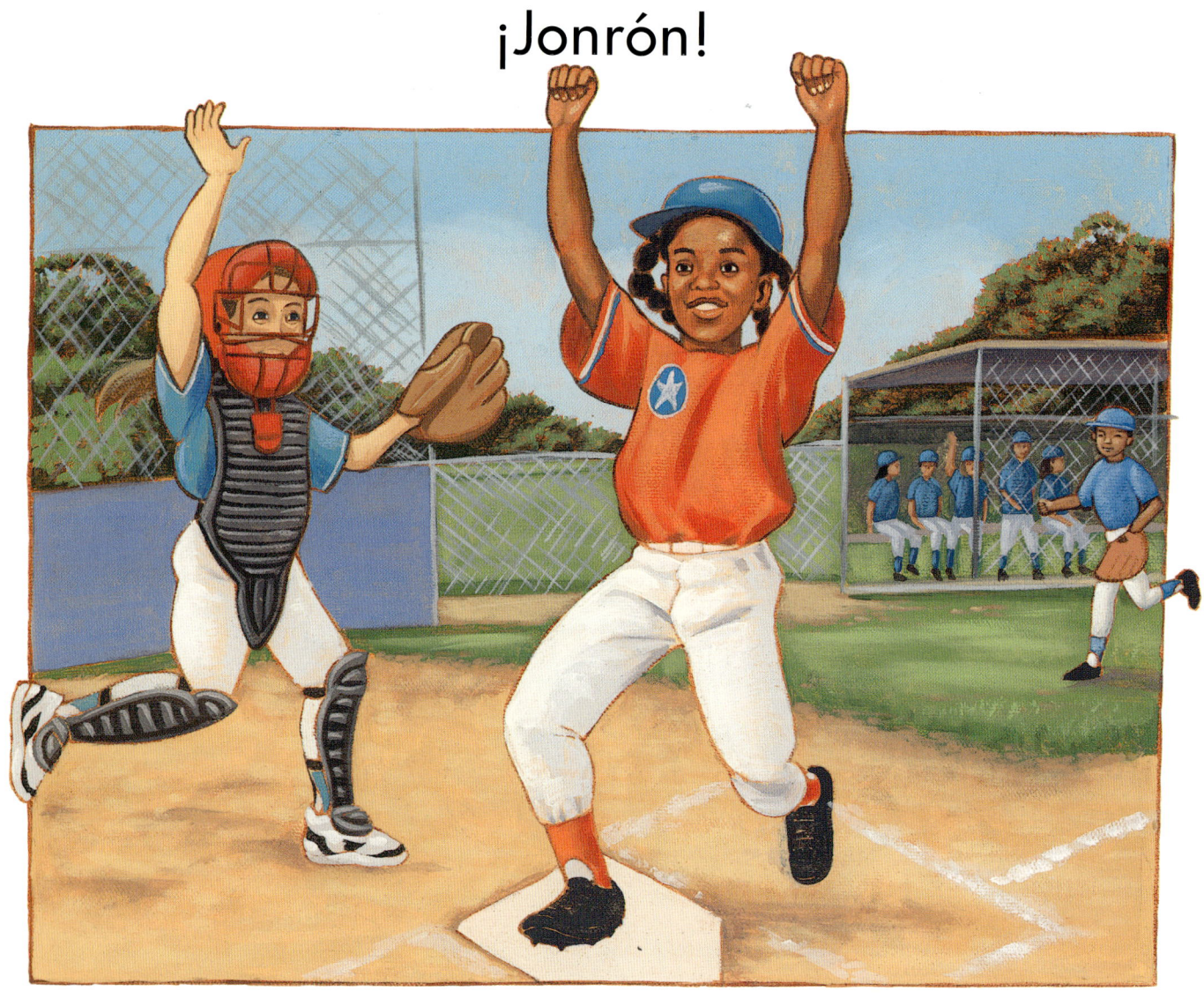